VENTE

N. BERCHERE

CONDITIONS DE LA VENTE

La Vente sera faite au comptant. Les acquéreurs paieront cinq pour cent en sus des enchères applicables aux frais de vente.

TABLEAUX

PAR

N. BERCHÈRE

Dont la Vente aura lieu

HOTEL DROUOT --- SALLE N° 3

LE JEUDI 2 AVRIL 1885

à 3 heures

M. JULES CHAINE		Mᵉ HENRI LECHAT

M. JULES CHAINE
EXPERT
5, RUE DE LA PAIX

Mᵉ HENRI LECHAT
COMMISSAIRE-PRISEUR
6, RUE BAUDIN, Square Montholon

Chez lesquels on délivre le Catalogue.

EXPOSITION PARTICULIÈRE

GALERIE DES ARTISTES MODERNES, 5, RUE DE LA PAIX

du Dimanche 29 Mars au Mardi 31 Mars, de 10 h. à 5 h. 1/2

EXPOSITION PUBLIQUE

HOTEL DROUOT, SALLE N° 3

Le Mercredi 1ᵉʳ Avril 1885, de 1 h. à 5 h. 1/2

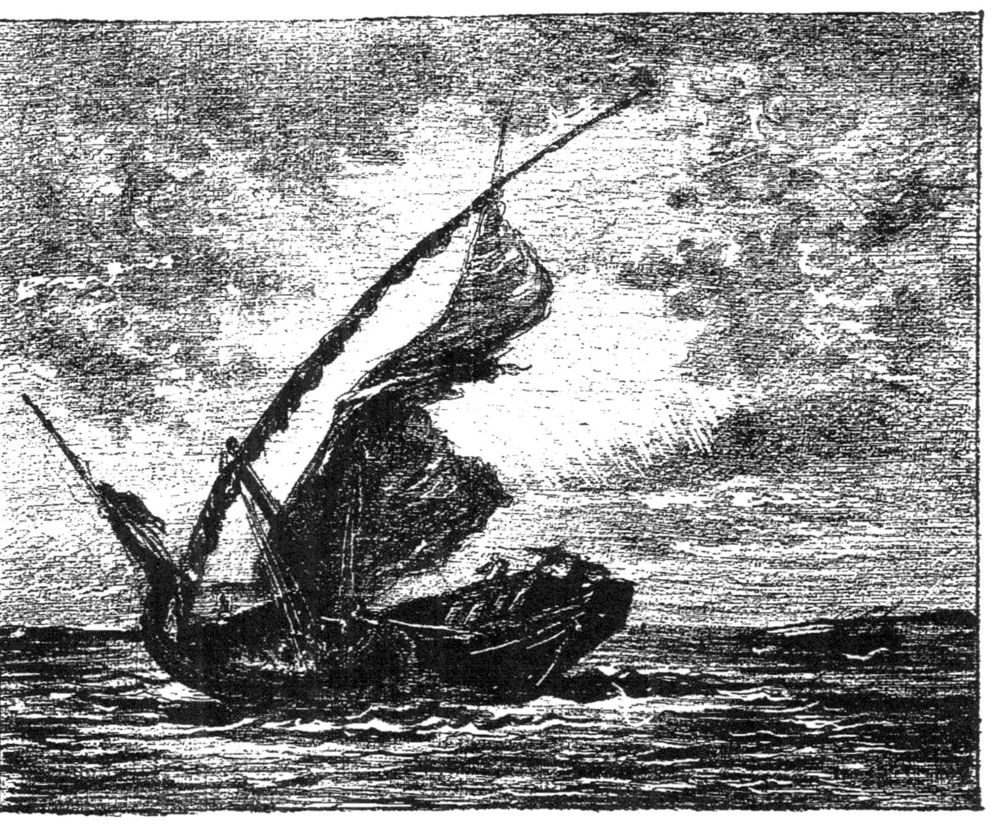

COUP DE VENT SUR LE NIL, PENDANT L'INONDATION.

CATALOGUE

DES

TABLEAUX

---

1 — *Pyramides de Gizeh.*

> Haut., 1 mèt.; larg., 1 mèt. 40 cent.

2 — *Sohag; Lever de lune (H^{te}-Égypte).*

> Haut., 1 mèt. 10 cent.; larg., 1 mèt.

3 — *Fontaine à Jéricho (Palestine).*

> Haut., 80 cent.; larg., 95 cent.

4 — *Coup de vent sur le Nil pendant l'inon-dation.*

> Haut., 1 mèt.; larg., 1 mèt.

5 — *Temple de Dakkéh (Nubie-Inférieure).*

> Haut., 83 cent.; larg., 95 cent.

6 — *Ruines de la mosquée du Calife-Hakem.*

> Haut., 61 cent.; larg., 42 cent.

7 — *Retour de marché (Égypte).*

> Haut., 42 cent.; larg., 61 cent.

8 — *Lever de lune à Damiette.*

> Haut., 55 cent.; larg., 46 cent.

9 — *Canal à Zifté (Basse-Égypte).*

> Haut., 47 cent.; larg., 40 cent.

10 — *Bazar au Caire.*

> Haut., 41 cent.; larg., 32 cent.

11 — *Terrasse à Boulac.*

> Haut., 41 cent.; larg., 32 cent.

12 — *Intérieur de cour.*

> Haut., 41 cent.; larg., 32 cent.

13 — *Maison du cheik Sada (Caire).*

> Haut., 41 cent.; larg., 32 cent.

14 — *Carrefour à Damas.*

> Haut., 39 cent.; larg., 30 cent.

15 — *Marabout et chevaux.*

> Haut., 35 cent.; larg., 27 cent.

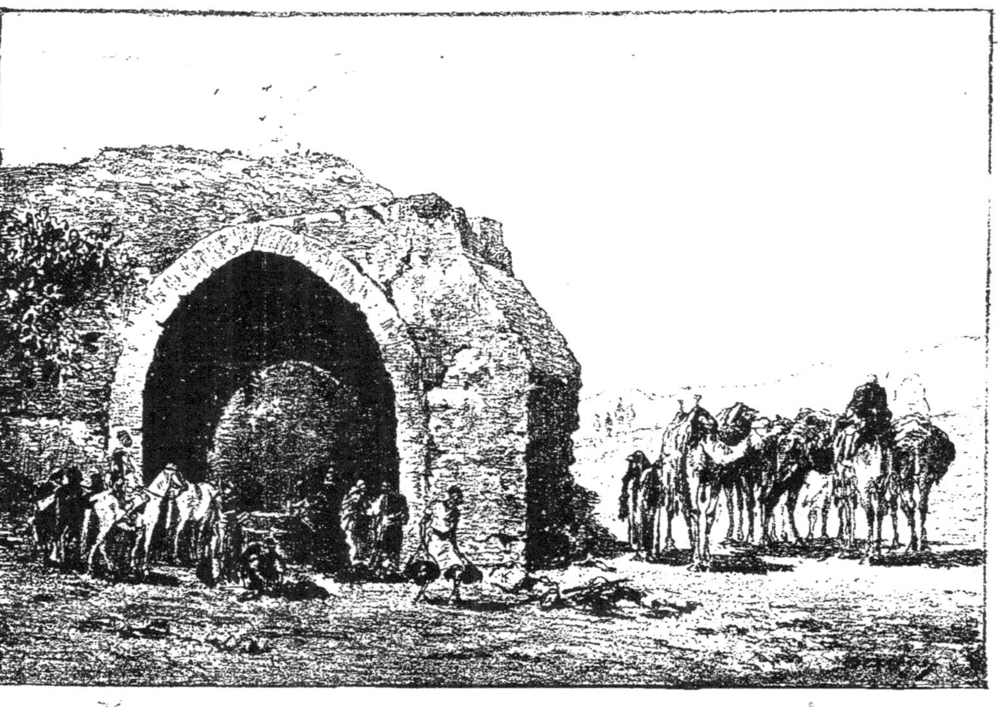

FONTAINE A JÉRICHO (Palestine).

16 — *Boutiques et rue au Caire.*

> Haut., 35 cent.; larg., 27 cent.

17 — *Femmes au Nil.*

> Haut., 27 cent.; larg., 35 cent.

18 — *Maison de fellah (Basse-Égypte).*

> Haut., 20 cent.; larg., 20 cent.

19 — *Rue de la Citadelle au Caire.*

> Haut., 55 cent.; larg., 46 cent

20 — *Bords du Nil; Effet de matin.*

> Haut., 55 cent.; larg., 46 cent.

21 — *Halte dans le désert.*

> Haut., 26 cent.; larg., 35 cent.

22 — *Caravansérail (Syrie).*

> Haut., 39 cent.; larg., 30 cent.

23 — *Mosquée d'Abou-Lelli à Boulac.*

> Haut., 41 cent.; larg., 32 cent.

24 — *Caravane.*

> Haut., 15 cent.; larg., 27 cent.

25 — *Prière au désert.*

Haut., 19 cent.; larg., 18 cent.

26 — *Campement à Ouadi-El-Sor (Sinaï).*

Haut., 26 cent.; larg., 30 cent.

27 — *Oasis.*

Haut., 27 cent.; larg., 21 cent.

28 — *Bords du Nil.*

Haut., 27 cent.; larg., 21 cent.

29 — *Café; route de Choubrah.*

Haut., 32 cent.; larg., 24 cent.

30 — *Halte au désert; crépuscule.*

Haut., 27 cent.; larg., 35 cent.

31 — *Chamelier.*

Haut., 21 cent.; larg., 8 cent.

12139. — Paris, Imp. A. Lahure, 9, rue de Fleurus

EXPOSITION PARTICULIÈRE

de

Tableaux

par

N. BERCHÈRE

dont la Vente aura lieu

HOTEL DROUOT, SALLE Nº 3

Le JEUDI 2 AVRIL 1885, à 3 heures

Mᵉ HENRI LECHAT, Commissaire-priseur, 6, rue Baudin.

M. JULES CHAINE, Expert, 5, rue de la Paix.

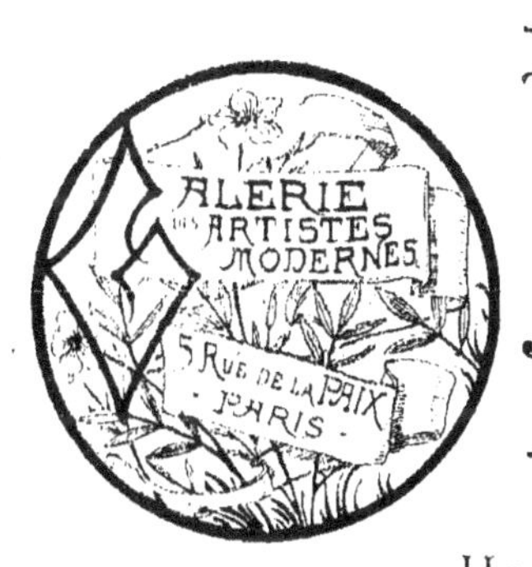

EXPOSITIONS

PARTICULIÈRE. *GALERIE DES ARTISTES MODERNES*
du 29 au 31 mars inclus, de 10 h. à 5 h. 1/2.

PUBLIQUE. *HOTEL DROUOT, Salle nº 3.*
le 1ᵉʳ avril 1885, de 1 h. à 5 h. 1/2.